Kali

Kiran Atma

Published by Ponapan Publications, 2024.

KALI

First edition. May 11, 2024.

Copyright © 2024 Kiran Atma.

Written by Kiran Atma.

ISBN: 9798325397660

Tabla de Contenido

Kali - Introducción a la diosa tántrica esencial

KIRAN ATMA

DEDICACIÓN

Este libro está dedicado a la libertad religiosa y la libertad de culto, noción que protege el derecho de un individuo o una comunidad a manifestar su religión o sus creencias mediante la instrucción, la práctica, el culto y la observancia, ya sea en público o en privado.

¡Bhadrakali, eres auspiciosa y triunfante!

¡Usador de una borla de calavera!

¡Es difícil conocerte, querida madre!

Protector y guardián con compasión.

Nos inclinamos ante ti, que encarnas la palabra sagrada dada en todas las ceremonias.

Que la Diosa Todopoderosa ilumine nuestra mente. Que Te conozcamos mejor, Querida Madre Primordial,

¡Oh... Eterno y Primordial!

INTRODUCCIÓN

———

Es la desagradable con una cara terrible. Hay que verla con el pelo revuelto y una guirnalda de cabezas humanas recién cortadas.

Tiene cuatro brazos. Lleva una espada en la mano superior izquierda, ensangrentada por la cabeza cortada en la mano inferior izquierda. La mano superior derecha hace un gesto de seguridad, mientras que la mano inferior derecha hace un gesto de concesión de favores.

Tiene la tez azul y el resplandor de una nube sombría. Está completamente desnuda y su cuerpo está salpicado de sangre por la guirnalda de cabezas cortadas que lleva al cuello.

Sus orejeras son cadáveres de niños. Sus dientes son aterradores y su rostro feroz. Sus pechos son enormes y redondos, y lleva una faja hecha con manos humanas cortadas. Su rostro brilla y la sangre le brota de las comisuras de los labios. Hace un ruido espantoso y vive en el crematorio, rodeada de chacales aulladores.

Ella toma la forma de un cadáver y se coloca sobre el pecho de Siva. Ella está lista para tener relaciones sexuales con Mahakala en la otra dirección. Ella tiene una mirada satisfecha en su cara. Ella sonríe.

Es brillante como una nube oscura y viste de negro. Mueve la lengua, tiene una cara horrible, los ojos hundidos y sonríe.

Tiene una media luna en la frente y está adornada con serpientes.

Consume vino, lleva una guirnalda de cincuenta cabezas humanas que le cuelga hasta las rodillas y tiene una serpiente como hilo sagrado.

Su vientre es enorme y la serpiente de mil cabezas Ananta se cierne sobre su cabeza. Siva aparece como un niño a su lado.

Produce un fuerte sonido risueño, es aterradora, pero concede las aspiraciones del aspirante. Se asemeja a una montaña de colirio y reside en el terreno de la cremación.

Tiene tres ojos rojos, el pelo despeinado y una figura desnutrida que da horror. Lleva una jarra de alcohol con carne en la mano izquierda y una cabeza recién cortada en la derecha.

Come carne cruda, está desnuda, lleva joyas en las extremidades, derrocha vino y sonríe".

Aunque el orden, el número y los nombres de los Mahavidyas difieren, Kali siempre está presente y suele nombrarse o mostrarse en primer lugar.

También es ampliamente reconocida como la más significativa de las Mahavidyas, la Mahavidya primigenia o primordial.

En determinadas circunstancias, parece que los demás Mahavidyas descienden de Kali o son sus múltiples manifestaciones. En uno de los relatos de la génesis de los Mahavidyas como grupo se afirma específicamente que proceden de Kali cuando Siva decide abandonarla. En el relato de la creación del Mahabhagavata-purana, Sati asume la forma de una diosa parecida a Kali antes de multiplicarse en los diez Mahavidyas.

Aunque no se nombra a Kali, Sati se transforma primero en una diosa oscura, aterradora, desnuda, con cuatro brazos, el pelo revuelto y una guirnalda de calaveras (exactamente como se suele describir a Kali), y luego crea las otras formas a partir de sí misma.

Además, en los primeros relatos del conflicto de Sati con Siva por su derecho a asistir al sacrificio de su padre -relatos en los que no aparecen los Mahavidyas-, Sati se transforma en Kali y convence a Siva para que la deje marchar.

Según el Saktisamgama-tantra, "todas las deidades, incluidos los Mahavidyas, Siddhi-vidyas, Vidyas y Upa-vidyas, son diferentes formas que asume Kali."

La posición de Kali como Mahavidya principal, o más destacada entre las diosas, se ve reforzada por el hecho de que imparte sus propios rasgos al grupo en su conjunto. Su personalidad, características y naturaleza son compartidas por las demás.

Como la adi (primera) Mahavidya, es típica, posiblemente incluso arquetípica. Y creo que su significado simbólico ayuda con frecuencia a descifrar el significado de algunas de las otras diosas del grupo.

Según ciertas opiniones, Kali revela o representa el objetivo último expresado o insinuado en los otros Mahavidyas, como veremos más adelante.

Ella, en cierto sentido, completa a los demás. Dada la importante posición de Kali entre los Mahavidyas, es vital examinar sus antecedentes antes de unirse a ellos.

Kali surgió en la tradición hindú relativamente pronto, y a finales de la época medieval, cuando se formó la religión de los Mahavidyas, había alcanzado una mitología y un carácter firmemente definidos, así como un culto muy extendido por toda la India.

Además, está claro que el carácter de Kali ha permanecido relativamente intacto en el contexto de los Mahavidyas.

Es decir, su lugar en el grupo no está determinado por una aplicación selectiva de sus cualidades, mientras que ciertas partes de su personalidad y mitología se ven favorecidas por encima de otras, como veremos.

Antes de intentar comprender el significado de Kali en el contexto de los Mahavidyas, también es necesario considerar la posición fundamental de Kali en el Tantrismo en general.

ORÍGENES E HISTORIA

L as primeras menciones de Kali se remontan a la época medieval (hacia el 600 d.C.). Suelen situarla al margen de la sociedad hindú o en el campo de batalla.

Los Agni y Garuda-puranas invocan a Kali para el éxito militar y el triunfo sobre los adversarios. Tiene un aspecto horrible: está demacrada, tiene colmillos, ríe a carcajadas, baila maníacamente, lleva una guirnalda de cadáveres, se sienta a lomos de un fantasma y vive en un lugar de cremación. Se le ordena aplastar, pisotear, destrozar y quemar al adversario.

Kali es la diosa protectora de una banda de ladrones cuyo líder busca su aprobación para concebir un hijo en el Bhagavata-purana. El ladrón secuestra a un piadoso joven brahmán con el propósito de sacrificarlo a Kali. Cuando el virtuoso joven se acerca a la imagen de Kali, su refulgencia la abrasa. Enfurecida, emerge de su imagen y asesina al líder y a toda su banda. A continuación, ella y sus demonios decapitan los cuerpos de los ladrones, beben su sangre hasta embriagarse y agitan sus cabezas para divertirse.

Se la caracteriza por tener un rostro horrible, enormes dientes y una sonora carcajada. La conexión de Kali con los ladrones también puede observarse en su posición como diosa patrona de los notorios

Matones, que se especializaban en entablar amistad con los visitantes y luego asesinarlos. En los marigal kavyas bengalíes, también se representa a Kali otorgando habilidades mágicas a los criminales para ayudarles en sus nefastas actividades.

El Manasara-silpa-sastra, una obra arquitectónica de los siglos VI a VII, refleja el vínculo de Kali con la periferia de la sociedad hindú (la veneran criminales, tribales y miembros de castas bajas de lugares incivilizados e indómitos).

Se dice que los templos de Kali deben erigirse lejos de pueblos y ciudades, cerca de los lugares de cremación y de los hogares de los candalas (personas de casta extremadamente baja).

La relación de Kali con lugares situados fuera o más allá de los límites de la civilización se observa también en el Kalingattupamni, una obra del siglo XI d. C.

La literatura tamil afirma que su templo está situado en un desierto donde los árboles se han marchitado y el terreno es desolado. La descripción del templo subraya el carácter terrible e incivilizado de Kali. El templo está hecho de huesos, carne, sangre, cráneos y partes del cuerpo de los adversarios masacrados en combate.

Las cabezas cortadas se utilizan como ladrillos, la sangre como argamasa, los colmillos de elefante como cerchas del tejado y, en la parte superior de los muros del recinto (algo habitual en los templos del sur de la India), "se colocaron como elementos embellecedores las cabezas cortadas de pavos reales, las cabezas de hombres ofrecidas en sacrificio, las cabezas de bebés pequeños también cortadas en sacrificio y la sangre que rezumaba la carne como estandarte."

El templo se "limpia" cada día con sangre en lugar de agua, y se presenta a la diosa carne en lugar de flores.

Las llamas que consumen los cuerpos de las víctimas del sacrificio también funcionan como luces. La representación de los devotos y la puja del templo es igualmente espeluznante.

Se muestra a un devoto cortándose la cabeza como regalo a la deidad. Los guerreros suelen presentar sus cabezas a la diosa para demostrar su valentía.

Las yoguinis visitan el santuario y llegan con espadas y cráneos decapitados, como la propia Kali.

El templo está "lleno de sangre, carne, cadáveres ardiendo, buitres, chacales y duendes". Kali está sentada en un sofá de cinco fantasmas (panca preta) con un cadáver como cojín. Duerme en una cama de color carne.

El Devimahatmya contiene las apariciones más célebres de Kali en el campo de batalla. Kali aparece dos veces en el tercer episodio, que representa la destrucción por Durga de los demonios Sumbha y Nisumbha y sus aliados. Los demonios Canda y Munda se acercan a Durga con las armas preparadas al principio del combate. La expresión de Durga se ensombrece de rabia cuando ve que se preparan para atacarla. De repente, la diosa Kali aparece de entre sus cejas. Va vestida de negro, con una guirnalda de cabezas humanas y piel de tigre alrededor del cuello, y lleva un bastón con la punta de una calavera. Tiene los ojos hundidos, la boca abierta y la lengua suelta. Ruge y se lanza a la lucha, desgarrando a los demonios con los puños y aplastándolos con los dientes. Atrapa a los dos generales demoníacos y los decapita con su espada (7.3-22).

Más tarde, Durga convoca a Kali para que la ayude a matar al monstruo Raktabija. Cuando una gota de su sangre cae al suelo, este demonio puede recrearse rápidamente. Durga y sus ayudantes, una formidable banda de diosas conocidas como las Matrkas, descubren que han agravado su problema al herir a Raktabija con diversas armas. A medida que las heridas de Raktabija sangran más profusamente, el campo de batalla se llena de sus duplicados. Al final, Kali vence al monstruo comiéndose su sangre y arrojando numerosas réplicas de Raktabljas a su boca abierta (8.49-61).

En estos dos acontecimientos, Kali aparece como la personificación de la ira de Durga, su rabia encarnada. En su relación con Parvati, Kali desempeña una función similar. Parvati es una diosa amable en general, aunque a veces puede ser violenta. A menudo se considera que Kali es llamada a la existencia cuando esto ocurre.

Siva pide a Parvati en el Linga-purana que elimine al demonio Daruka, que ha recibido la bendición de que sólo puede ser destruido por una hembra. Parvati entra en el cuerpo de Siva y es transformada por el veneno contenido en la garganta de Siva. Ella emerge de Siva como Kali, de forma feroz, y asalta y vence a Daruka y sus hordas con la ayuda de pisacas (demonios) carnívoros.

Kali, por su parte, se enamora tanto de la sed de sangre de la guerra que amenaza con destruir todo el planeta en su furia. Cuando Siva interviene y la calma, el mundo se salva. Kali aparece en otra situación en el mismo pasaje.

Kali forma parte del grupo de Siva, que se dispone a derrotar a los demonios de las tres ciudades. Agita un tridente adornada con calaveras y vestida con piel de elefante, con los ojos entrecerrados por la embriaguez tras haber bebido sangre de demonio.

También es alabada como hija del Himalaya (la cordillera personificada como deidad), un paralelismo obvio con Parvati (que es hija del Himalaya).

Parece que Kali surge como la rabia encarnada de Parvati, su alter ego, durante su preparación para tyar. Siva se refiere a Parvati como "Kali" (la negra) en el Vamana-purana debido a su piel oscura. Al oirle utilizar este nombre concreto (la negra), Parvati se ofende y comienza una dieta estricta para aclarar su tez. Después de conseguirlo, la apodan Gauri (la dorada).

Su vaina negra abandonada, por otra parte, se transforma en la enfurecida reina de la batalla Kausiki, que entonces produce a Kali en su furia.

De nuevo, a pesar de la presencia de una diosa intermediaria (Kausiki), Kali encarna la naturaleza oscura, negativa y violenta de Parvati. Kali aparece de forma similar en la mitología sobre Sati y Sita.

En el caso de Sati, Kali aparece después de que el padre de Sati, Daksa, irrite a su hija negándose a invitarla a ella y a Siva a una gran ceremonia de sacrificio. Sati se rasca furiosamente la nariz, y Kali llega.

Este escenario, por supuesto, recuerda una de las historias de génesis de los Mahavidyas como grupo, aquella en la que aparecen como la rabia encarnada de Saúl.

En el caso de Sita, Kali aparece como su aspecto furioso, horrible y asesino cuando el marido de Sita, Rama, se enfrenta a una horrible criatura que lo congela de terror. Sita, en su forma Kali, destruye fácilmente al monstruo". El salvajismo y el caos de Kali permanecen en su relación con Siva.

Aunque se dice que a veces la domestica o suaviza, a veces incita a Siva a comportamientos peligrosos y destructivos. Una leyenda del sur de la India describe una competición de baile entre ambos.

Kali se refugia en un bosque con su séquito de violentos seguidores tras matar a Sumbha y Nisumbha, aterrorizando a la región circundante. Esto distrae a un devoto local de Siva de sus austeridades, y éste le pide que libere al bosque de la terrible diosa.

Cuando aparece Siva, Kali le amenaza, reclamando la propiedad de la región. Siva la reta a una competición de danza, que ella pierde porque no puede (o no quiere) igualar su frenético baile tandava.

El hecho de que Siva tuviera que recurrir a su danza tandava para vencer a Kali demuestra que Kali incitó a Siva a la acción destructiva, ya que esta danza se realiza generalmente al concluir la era cósmica y destruye el cosmos.

Las descripciones de la danza se centran en sus características destructivas. A pesar de que Siva vence a Kali en el concurso de baile y la obliga a refrenar sus tendencias perturbadoras, hay pocas imágenes y relatos que la representen como sumisa.

En su lugar, tenemos a Siva y Kali actuando de forma disruptiva, estimulándose mutuamente, o a Kali abrumando a un Siva inerte o corpóreo en su frenética actividad.

Los dos parecen bailar juntos de tal manera que amenazan al mundo en el primer tipo de relación. El Malatimadhava del Bhavabhuti retrata a la pareja mientras baila desenfrenadamente en el templo de la diosa. Su frenética danza amenaza con desestabilizar el universo.

Parvati permanece a un lado, aterrorizada, observándoles. Kali aparece casi siempre como dominadora en las representaciones iconográficas de Kali y Siva. A menudo está de pie o bailando sobre el cuerpo yacente de Siva, y está encima de él cuando se les representa manteniendo relaciones sexuales.

Aunque se dice que Siva domó a Kali en el mito del concurso de danzas, parece que nunca la sometió realmente; lo más habitual es que se la represente como incontrolable, más propensa a provocar al propio Siva para que realice actividades peligrosas que a renunciar a su propia fiereza.

Así pues, en términos de su historia temprana, Kali es principalmente una diosa que amenaza la estabilidad y el orden.

Aunque se dice que sirve al orden en su papel de cazadora de demonios, a menudo se enfurece tanto en el campo de batalla, embriagada con la sangre de sus víctimas, que empieza a destruir el mundo que se supone que debe proteger.

Por ello, incluso al servicio de los dioses, es peligrosa y propensa a la escalada. Surge en conexión con otras diosas para simbolizar su ira y furia encarnadas, un componente aterrador y mortal de lo divino femenino que se desata cuando estas diosas se enfadan o son llamadas a participar en la batalla y la muerte.

Con respecto a Siva, parece desempeñar el papel inverso de Parvati. Parvati tranquiliza a Siva, contrarrestando sus impulsos antisociales o destructivos; le arrastra al dominio de la domesticidad y le anima a reducir los rasgos destructivos de su danza tandava con su dulce mirada.

La "otra esposa" de Siva, Kali, le provoca y alienta en sus comportamientos dementes, antisociales y perturbadores. Es Siva quien debe calmar a Kali, no Kali quien debe calmar a Kali. Su relación con los criminales refuerza su posición perjudicial en la sociedad. Parece estar a sus anchas y no estar limitada por el orden moral.

LA DIOSA TÁNTRICA

A pesar de su terrible aspecto, sus horripilantes hábitos y su asociación con los márgenes de la civilización en muchas de las primeras referencias, Kali acabó alcanzando gran popularidad y prominencia en la tradición hindú.

La primacía que Kali alcanzó en la tradición tántrica, especialmente relevante para nuestros propósitos, es de gran importancia.

Aparece de forma significativa en las escrituras tántricas de Cachemira, sobre todo en las de Abhinavagupta. En una filosofía que describe la existencia como la interacción fundamental de dos principios, Siva y Sakti, Kali suele clasificarse como una de las manifestaciones de Sakti.

Se mencionan muchas formas diferentes de Kali: Abhinavagupta menciona trece en Tantraloka.

La sadhana tántrica (actividad espiritual) con Kali estuvo evidentemente muy extendida en Cachemira en una fecha temprana. El sakti cakra, caracterizado como una rueda de energía que representa el crecimiento y el dinamismo de la conciencia, es una imagen esencial en el tantrismo cachemir. La rueda primaria puede incluir ruedas secundarias que indican varios niveles de conciencia o etapas en el proceso cognitivo, y estas ruedas se conocen como "los doce Kalis."

En el tantrismo del este de la India, sobre todo en Bengala, Kali es mucho más popular y prominente. Muchos textos tántricos escritos en Bengala incluyen manuales para su culto; describen su apariencia, mantra y yantra, así como himnos para alabarla (nama stotras), que suelen enumerar 108 o 1.000 nombres.

Se la menciona en compendios tántricos como el Tantrasdra, el Saktapramoda y el Pranatosini, y se dice que tiene varias formas, como Daksina-kali, Mahakali, Smasana-kali, Guhya-kali, Bhadra-kali, Camunda-kali, Siddhakali, Harhsa-kali y Kamakala-kali.

Kali es comúnmente venerada en las ceremonias tántricas en todo el este de la India, y es muy probable que esta práctica sea bastante antigua. En este punto es fundamental considerar cómo Kali llegó a tener un papel tan importante en el Tantra.

Una premisa subyacente de la filosofía tántrica es que la realidad es el producto y la expresión de una relación simbiótica entre lo masculino y lo femenino, Siva y Sakti, lo quiescente y lo dinámico, y otros polos opuestos que crean tensión creativa.

En consecuencia, las diosas desempeñan un papel esencial en el tantrismo y se las reconoce como fundamentales para determinar la naturaleza de la realidad última.

Aunque comúnmente se describe a Siva como la fuente de los tantras, la fuente de la sabiduría y la verdad, y a Parvati como la estudiante a la que se entregan las escrituras, muchos tantras hacen hincapié en el hecho de que Sakti (personificada como Parvati, Kali y otras diosas) está inmediatamente presente para el adepto y cuya presencia y ser sustentan el propio ser del adepto.

El adepto tántrico busca su energía a través de diferentes procedimientos de transformación espiritual, por lo que se la reconoce como la realidad dominante y fundamental.

Aunque tradicionalmente se considera que Parvati es la receptora de la sabiduría de Siva en forma de tantras, Kali parece predominar en la iconografía, los textos y los rituales tántricos.

Kali es venerada como la mayor de todas las deidades o la realidad más elevada en muchos lugares. Según el Nirvana-tantra, los dioses Brahma, Visnu y Siva emergen de ella como burbujas del mar, apareciendo y desapareciendo indefinidamente mientras mantienen intacta su fuente.

Según esta escritura, compararlos con Kali es como comparar un charco de agua en la huella de la pezuña de una vaca con los mares del mar.

Según el Nigama-kalpataru y el Picchild-tantra, el mantra de Kali es el mejor de todos los mantras. Los Yogini-, Kamakhya- y Niruttara-tantras consideran a Kali la más elevada de las Vidyas, la divinidad misma; además, la declaran la forma fundamental (svarupa) de la Mahadevi.

El Kamada-tantra afirma categóricamente que ella es sin atributos, ni masculina ni femenina, irreprochable, el indestructible saccidananda (ser, consciencia y felicidad), y el brahman mismo.

Kali es uno de los epítetos más frecuentes para la Sakti primordial también en el Mahanirvana-tantra. En un pasaje, Siva aclama a Kali como la devoradora del tiempo, la única superviviente de la destrucción del universo y la creadora y destructora de todas las cosas.

No está claro por qué Kali, en lugar de otra diosa, alcanzó este lugar prominente en el tantrismo, pero la razón puede residir en ciertos presupuestos intelectuales y ceremoniales tántricos. El tantrismo se ocupa principalmente de los rituales.

El sadhaka (adepto religioso) persigue el moksa (Despertar, o la felicidad del autoconocimiento) mediante diversas prácticas (exteriores e interiores, fisiológicas y mentales).

La unión de los opuestos o ver más allá de los opuestos (masculino, femenino, microcosmos-macrocosmos, sagrado-profano, auspicioso-inauspicioso, puro-contaminado, Siva-Sakti) es un tema recurrente en esta búsqueda.

El tantrismo hace hincapié en que el cuerpo tiene una topografía intrincada y llena de matices que hay que dominar y manejar.

El sadhaka puede controlar las capas de la realidad y aprovechar la dinámica de esos niveles para lograr el propósito deseado utilizando el cuerpo, que incluye los cuerpos físico y sutil.

El sadhaka se compromete, con la ayuda de un gurú, a alcanzar su objetivo mediante la conquista, a utilizar su propio cuerpo y el conocimiento de ese cuerpo para restaurar la totalidad y la unidad en el mundo fracturado del nombre y la forma, el mundo polarizado de lo masculino y lo femenino, lo sagrado y lo profano, lo puro y lo contaminado, lo bueno y lo malo.

En el tantrismo zurdo, la Sddhand adopta una forma particularmente dramática. El sadhaka (aquí denominado vira,

KALI 17

"héroe") realiza el ritual panca tattva, que significa "cinco cosas (prohibidas)" o "verdades" en sánscrito.

El sadhaka consume vino, carne, pescado, grano tostado (quizá algún tipo de droga alucinógena) y mantiene relaciones sexuales en un entorno ceremonial y bajo la guía de un gurú.

De este modo, se trasciende la dicotomía (o dualidad) de lo limpio y lo sucio, lo sagrado y lo profano, y se disuelve la atadura a una realidad artificialmente dividida.

El adepto reconoce la unidad subyacente del universo fenoménico, la identidad de sakti con toda la creación, de una manera profunda.

Heroicamente, uno lo supera, lo controla y lo domina. Al reconocer el valor fundamental de lo prohibido, uno lo libera de su capacidad de contaminar, degradar y atar, y transforma esa energía negativa en energía espiritualmente transformadora.

La figura de Kali representa la muerte, la devastación y el espanto, así como el elemento que todo lo consume de la realidad. También es una "cosa prohibida", o lo prohibido por definición, pues es la muerte misma.

El héroe tántrico no adora, teme, desprecia ni rehúye lo prohibido. Durante el ritual panca tattva, el adepto se enfrenta a Kali, la asimila y la vence, y la transforma en un vehículo de redención.

Esto es especialmente evidente en el Karpurddi-stotra, una breve composición en honor a Kali que representa el rito panca tattva tal y como se lleva a cabo en el lugar de cremación (smasana sthana).

Kali se explica en lenguaje común a lo largo de esta literatura. Es oscura (v. 1), tiene el pelo desordenado y le brota sangre de los labios (v. 3), porta una espada y una cabeza cortada (v. 4), lleva un cinturón de miembros amputados (v. 7) y está rodeada de calaveras, huesos y chacales hembra (v. 8).

Cuando se la desafía abiertamente en meditación, otorga una enorme fuerza y, finalmente, la redención al sadhaka.

El sadhaka medita sobre cada elemento terrible del lugar preferido de Kali, el lugar de la cremación, y así logra el propósito deseado.

"Oh Mahakali, quien en el crematorio, desnudo y con los cabellos revueltos, medita intensamente en Ti y recita Tu mantra, y con cada recitación hace ofrenda a Ti de mil flores de Akanda con semilla, se convierte en señor de la tierra sin ningún esfuerzo; oh Kali, quien el martes a medianoche, habiendo pronunciado Tu mantra, hace ofrenda a Ti aunque sea una vez con devoción a Ti de un cabello de su Sakti."

El Karpurddi-stotra retrata claramente a Kali como algo más que una temible cazadora de demonios que ayuda a Durga y Siva en el campo de batalla.

En realidad, está casi siempre retirada del campo de batalla. Es la señora última del cosmos (v. 12), es idéntica a los cinco elementos (v. 14) y produce y destruye los mundos en colaboración con Siva (a quien se designa como su esposo). Su apariencia también ha sido alterada para reflejar su elevado estatus como gobernante del mundo y foco de meditación a través del cual el sadhaka alcanza el nirvana. Además de sus rasgos terroríficos (que se acentúan), ahora se vislumbra otra faceta más benévola de la diosa.

Por ejemplo, ya no se la califica de demacrada o poco atractiva. En el Karpurddi-stotra, se la describe como joven y encantadora (v. 1), con un semblante suavemente sonriente (v. 18), y haciendo movimientos con sus dos manos derechas para eliminar el miedo y proporcionar bendiciones (v. 4). Estas características positivas son apropiadas, ya que Kali ya no es una simple arpía, una destilación de la furia de Durga o Parvati, sino que es el medio por el que el héroe alcanza la victoria, la que otorga la recompensa de la emancipación y la que, cuando se enfrenta sin miedo, libera al sadhaka del propio miedo. No es sólo un símbolo de la muerte, sino también de la victoria sobre la muerte.

LA MAHAVIDYA PRIMARIA

———

Varios rasgos destacados de Kali marcan la pauta de los Mahavidyas en su conjunto, y varios Mahavidyas individuales reflejan claramente su personalidad.

Además, según varios informantes, Kali es la única Mahavidya que revela plenamente la naturaleza de la realidad última y representa la conciencia plenamente despierta.

Los Mahavidyas aparecen en numerosas historias de la creación cuando una diosa (Sati, Parvati o Kali) afirma su independencia de su esposo, normalmente Siva.

Los Mahavidyas son, por tanto, emblemas de la libertad femenina. Kali lo demuestra claramente. Rara vez, o nunca, se la muestra o caracteriza como la esposa sumisa y obediente. Carece de las características de una pati vrata, una mujer completamente comprometida con su marido, leal a sus peticiones y conforme a su voluntad en todos los aspectos.

Desafía esa noción como consorte de Siva. Lo domina provocando su ira violenta, colocándose sobre su cuerpo o adoptando la posición más elevada, o "posición de hombre", en el coito. El placer sexual parece ser una posibilidad.

Siva tiene ocasionalmente una erección en la imaginería de Daksina-kali, y en ciertos mantras dhyana y representaciones iconográficas de Kali, ella está teniendo sexo con él. En ambas situaciones saca la lengua.

Esta idea se apoya en una leyenda de Orissan. Durga se enfureció cuando descubrió que sólo podría destruir al demonio búfalo si le revelaba sus genitales. Así lo hizo, pero entonces montó en cólera. Su furia llegó a ser tan intensa que se transformó, haciéndose más pequeña y más negra, y abandonando su montura de león para vagar a pie. Kali era su nuevo nombre.

A continuación, se lanzó a una carrera ciega y destructiva, destruyendo todo lo que encontraba a su paso, sin importar quiénes fueran. Los dioses y los mortales se preocuparon mucho y pidieron ayuda a Siva.

Mahadev consintió y se quedó dormido en el camino donde se acercaba la enfurecida, oscura y desnuda Kali. Ella se paró sobre su pecho porque estaba cegada por su rabia. El pene de Siva se puso duro en ese momento y penetró a Kali. Kali reconoció a su esposo en ese momento y sacó la lengua de placer, disipándose su furia.

La lengua de Kali también aparece en circunstancias no sexuales, cuando ni la satisfacción ni la humillación parecen una interpretación plausible.

Por ejemplo, a menudo se la ve en los lugares de incineración sin compañía masculina, y siempre tiene la lengua fuera. En estos casos, ¿cómo puede leerse su lengua dentro de un marco tántrico?

Kripal afirma que la lengua de Kali indica el acto de probar o disfrutar de lo que la sociedad considera ilícito, impuro o contaminado, basándose en su meticulosa lectura de una serie de versos que detallan la sadhana tántrica de Ramakrishna, su placer indiscriminado de todos los "sabores" del mundo.

Las secciones en cuestión tratan sobre la práctica de Ramakrishna de comer excrementos, a veces los suyos propios, y beber vino y orina mientras hacía sadhana tántrica.

Durante su sadhana tántrica, Ramakrishna se esforzó por alcanzar la condición de conciencia en la que todas las cosas se consideran fundamentalmente una, o esencialmente unidas y vinculadas.

Se supone que estudió la similitud básica de su propio excremento y la pasta de sándalo (un material altamente fragante y puro) en una palma. El uso que Ramakrishna hacía de sus propios excrementos en su sadhana alarmó e incluso indignó a algunos de sus discípulos, que empezaron a sospechar que estaba loco.

Un amigo, tal vez intentando persuadir a Ramakrishna de que cambiara su forma de actuar, le regañó afirmando que todo el mundo puede tocar sus propios excrementos, pero manipular las heces de otro es lo que realmente le distingue a uno como conocedor del brahman.

Ramakrishna, como era su costumbre, aceptó la censura como un desafío. Invocó a Kali, y ella invadió su cuerpo. "En ese momento, el santo, poseído por la diosa y su lengua meneante, bajó al río donde la gente defeca y orina". "Allí tomó arcilla con heces y la tocó con su lengua, y no sintió asco". La boca abierta y la lengua de Kali, así como todo su aspecto y comportamiento, son innegablemente desagradables para nuestros sentidos habituales.

Éste es probablemente el objetivo del Tantra. Lo que percibimos como repugnante, contaminado, prohibido y horripilante proviene de una conciencia humana (o cultural) limitada que ha ordenado, reglamentado y dividido la realidad en categorías que sirven a visiones limitadas, egoístas y centradas en el ego de cómo debería ser el mundo.

En su forma abrasiva, Kali deconstruye estas divisiones, animando a la gente que quiere aprender de ella a estar abierta a todo el universo en todas sus facetas.

Anima a sus discípulos, como Ramakrishna, a atreverse a experimentar el mundo en sus aspectos más repulsivos y prohibitivos para discernir la unidad y sacralidad subyacentes de la Gran Diosa.

NO CONFORMES Y NO CONVENCIONALES

———

El pelo salvaje y despeinado de Kali es otro rasgo llamativo. Nunca he visto una representación de Kali con el pelo recogido o trenzado.

Otros Mahavidyas, como Chinnamasta, Bagalamukhi y Dhumavatl, también aparecen representados con el pelo alborotado. Todas las Mahavidyas se representan con el pelo despeinado en determinadas circunstancias, como en el templo de Durga Saptasati de Nagawa, cerca de Benarés.

El cabello desaliñado contrasta con el peinado de las mujeres hindúes maduras y con la representación del cabello de la mayoría de las deidades.

¿Cuál puede ser el significado del pelo suelto de Kali? Parece haber dos significados generales.

El pelo trenzado o encadenado de las mujeres muestra conformidad social y, muy probablemente, aceptación del control social.

Las mujeres casadas se dividen el pelo en el centro y lo trenzan con seguridad. Esta sección se suele resaltar con carmesí, que representa el estado civil de la mujer.

Las chicas que han entrado en la pubertad suelen llevar el pelo recogido de alguna manera. El pelo suelto es bastante raro.

Además de su desnudez, de estar encima de su marido o consorte, de vivir en campos de cremación y de su grosera lengua, el pelo desordenado, suelto y enmarañado de Kali subraya su carácter socialmente marginal, su desdén por las convenciones.

Kali desafía las convenciones, es salvaje e incontrolable por naturaleza, y no se ve constreñida ni restringida por una pareja masculina.

El pelo suelto de Kali también puede tener un significado más amplio, incluso cósmico, que implique la propia desintegración.

El pelo suelto de Kali puede representar el fin del mundo, dada su vinculación con el crematorio y la muerte. Su cabello se ha desprendido y vuela por todas partes; el orden ha desaparecido; todo ha vuelto al caos.

En la cabellera salvaje, suelta y suelta de Kali, el "trenzado" del orden social y cósmico llega a su fin.

Una segunda interpretación del cabello rebelde de Kali se hace posible. Las mujeres hindúes se sueltan el pelo en determinadas circunstancias, prácticamente todas relacionadas con la impureza y la contaminación de algún tipo. Se lo sueltan sobre todo durante la menstruación.

La historia de Draupadi en el Mahabharata es quizá el ejemplo más conocido de la literatura sánscrita. Yudhisthira, su esposo, apuesta por ella y pierde.

Draupadi es arrastrada al salón de actos y obligada a desnudarse por orden de Duryodhana, un adversario de Yudhisthira.

El texto menciona que está menstruando y que lleva el pelo despeinado. Alf Hiltebeitel comenta este incidente diciendo: "Estos dos hechos no están desvinculados". El cabello de Draupadi está despeinado debido a la menstruación.

El Mahabharata depende de una conocida restricción que prohíbe llevar el pelo trenzado durante la menstruación y no atarlo hasta el baño ceremonial que pone fin al tiempo de impureza."

Las mujeres del Punjab se desatan el cabello tras el parto, el coito y la muerte del marido, además de mantenerlo desatado durante la menstruación.

Es decir, cuando hay contaminación, las señoras se sueltan el pelo.

No he podido encontrar apoyo textual para la afirmación de que el pelo despeinado de Kali sugiere que está menstruando.

Sin embargo, dado que representa la subversión del orden social y el decoro, así como una confrontación con, o al menos el reconocimiento de, lo prohibido (representado por lo contaminado), parece probable que debamos interpretar que está menstruando.

REVELADOR DE LA VERDAD ETERNA

———

Kali también se considera la Mahavidya ideal, ya que muestra plenamente la verdad última. Es la Mahavidya primordial, la adi Mahavidya. En uno de sus sahasranama stotras (hay numerosos dirigidos a Kali) se la denomina Aquella que es el Conocimiento del Ser, Aquella que es el Conocimiento de Brahman, Aquella cuya forma es el Brahman Supremo y Señora de los Mahavidyas.

La posición dominante de Kali en tales epítetos sugiere que ella revela la verdad última de alguna manera. El tantrismo, que tiene una orientación religiosa y es espiritualmente pragmático, sólo puede enfrentarse a la verdad última y comprenderla a través de la sadhana, que sólo se revela a los adeptos que han venerado a Kali.

Sin embargo, resulta tentador especular sobre el modo en que Kali revela la verdad última. Algunos escritores y practicantes hindúes contemporáneos han interpretado la forma más importante de Kali, Daksina-kali, de forma simbólica, alegórica o mística.

Descubren que de la imagen de Kali pueden deducirse verdades profundas, que no están inmediatamente implícitas en su aspecto.

Según lo que he aprendido, esta interpretación esotérica o mística de Kali como ejemplo de la verdad última es la siguiente. En primer lugar, toda la imagen de Daksina-kali imparte principios filosóficos o cosmológicos.

Por ejemplo, a menudo se considera que el hecho de que Kali esté de pie sobre Siva representa la interacción de Siva y Sakti, así como el dominio final de esta última. Es decir, la imagen se utiliza como emblema para representar el carácter central de la realidad como Siva y Sakti, así como la importancia de Sakti.

Según otro punto de vista, la imagen tiene un significado cósmico. Siva fue creado por la diosa Kali. La única entidad increada es Shue.

Siva era necesario para la creación, por lo tanto ella lo hizo por sí misma. En su vientre, generó esperma y amor: para sí misma. Cometió un error al crear el planeta y comenzó a destruirlo.

Brahma ordenó a Siva que cesara la devastación, por lo que se arrodilló ante ella. Ella dejó de destruir el planeta para evitar matarlo.

Siva insistió en recrear la sección dañada, así que la vomitó. Siva había devorado todo el planeta. Por eso su lengua sobresale mientras está de pie sobre Siva. Según una fuente contemporánea, el término Daksina-kali simboliza la supremacía de Kali.

El nombre deriva de la leyenda de que cuando Yama, el señor de los muertos que reside en el sur (daksina), oyó el nombre de Kali, huyó despavorido y desde entonces no ha querido aceptar a sus adoradores.

Es decir, el culto a Kali; ella es la que abruma al rey del sur (Yama) y es conocida como Daksina-kali.

Según otras fuentes, la palabra también deriva de daksina, nombre del regalo que se entrega a un sacerdote tras un rito y sin el cual el procedimiento es ineficaz. Kali es la realidad sin la cual nada puede funcionar. Es la sakti fundamental.

Varios informantes también han sugerido que el nombre Daksina kali hace referencia al hecho de que en esta representación iconográfica concreta, Kali coloca su pie derecho (daksina) sobre el pecho de Siva.

Varios informantes han mencionado una forma de Kali conocida como Vama-kali (Kali que tiende hacia la izquierda), en la que Kali aparece con su pie izquierdo sobre el pecho de Siva, lo que le da credibilidad. Se supone que Vama-kali es muy dañina y sólo la adoran las personas valientes. Rara vez se muestra o describe a Vama-kali.

Por último, se la conoce como Daksina-kali porque es venerada por Daksina-bhairava, también conocido como Siva, a quien se considera la realidad más elevada.

Los cuatro brazos de Kali indican el ciclo completo de creación y destrucción que contiene o abarca. Refleja los patrones innatos de creación y destrucción del universo.

Sus manos derechas, que forman mudras de "no temas" y conceden bendiciones, simbolizan la parte creativa de Kali, mientras que las izquierdas, que portan una espada ensangrentada y una cabeza cortada, indican su aspecto destructivo.

Sus tres ojos representan el sol, la luna y el fuego, y puede ver el tiempo en tres modos: pasado, presente y futuro. La espada sangrante y la calavera cortada pueden representar el fin de la ignorancia y el principio de la sabiduría.

La espada es la espada del conocimiento, o sadhana sin deseo, que corta los nudos de la ignorancia y elimina la falsa conciencia (la cabeza cortada). Con esta espada, Kali abre las puertas de la libertad cortando las ocho ataduras (pasu) que ataban a los humanos.

Se cree que la cabeza cortada sangrante representa la efusión de rajas guna (inclinaciones pasionales), que limpia por completo al adepto, que se vuelve totalmente compuesto de características sáttvicas (espirituales) en su despertar a la verdad.

La cabeza cortada se ve alternativamente como la de un niño, representando el carácter del devoto o practicante consumado que, como Ramakrishna, ha alcanzado la pureza de un niño.

La subyugación del poder rajásico (la lengua carmesí) por el poder sáttvico (los dientes blancos) está simbolizada por la lengua meneante y los colmillos afilados de Kali.

Es decir, Kali es completamente sáttvica, completamente espiritual, habiendo trascendido cualquier impureza inherente a las otras dos gunas.

La oscuridad de Kali también representa su naturaleza abarcadora, que todo lo abarca, ya que el negro es el tono en el que se combinan todos los demás colores; el negro lo absorbe y lo destruye todo.

Alternativamente, se dice que el negro representa la ausencia total de color, indicando la naturaleza nirguna (más allá de las cualidades) de Kali como realidad última.

En cualquier caso, el tono oscuro de Kali representa su trascendencia de toda forma. La desnudez de Kali tiene una connotación similar. Representa su ser completamente trascendente, completamente más allá del nombre y la forma, completamente más allá de los efectos ilusorios de maya (falsa conciencia).

Se considera que su desnudez simboliza la conciencia plenamente iluminada, libre de maya.

Kali es el fuego brillante de la verdad, que no puede ser velada por el ropaje de ignorancia de maya. Tal verdad simplemente los consume.

El crematorio, donde vive Kali, tiene una connotación similar. El crematorio es un lugar donde se desintegran los cinco elementos (panca mahabhuta). Kali reside en zonas de desintegración. Esto simboliza la disolución de los apegos, la ira, el deseo y otras emociones, sentimientos y conceptos atados en términos de devoción, adoración y sadhana.

Esta quema se produce en el arte del devoto, y Kali reside en el corazón del devoto. El devoto lleva su imagen en el corazón y quema todas las restricciones y la ignorancia en las llamas crematorias bajo su influencia.

Este fuego de cremación interior en el corazón es el fuego de Kali de la iluminación, jnanagni.

El asana (asiento) de Kali, que no es otro que el cuerpo yacente de Siva (del que a menudo se dice que es un cadáver o algo parecido a un cuerpo), representa cómo sus adoradores han renunciado a toda su vida por ella, ofreciéndole su propio aliento.

Los devotos mueren y se vuelven corpóreos tras sacrificarse (sus egos) a ella. Sólo entonces Kali penetra en sus corazones, liberándolos de todas las preocupaciones terrenales. La posición de Kali sobre Siva representa su bendición a sus adoradores.

Según otra opinión, Siva simboliza el potencial pasivo de la creación. Simboliza purusa (literalmente, "macho"), la parte inmutable e incondicional de la existencia, en la filosofía del yoga, mientras que Kali representa la prakrti dinámica (la naturaleza o el mundo físico). En esta interpretación, Kali y Siva representan la realidad última.

Otra interpretación de Kali de pie sobre Siva o teniendo relaciones sexuales inversas con él (viparita rati) es que representa la involución contemplativa, en la que uno "des-crea" el cosmos para experimentar la gozosa unión de Siva y Sakti.

El concepto de meditación yóguica es "ir contracorriente" o invertir los procesos creativos. Este proceso inverso podría sugerirse por la inversión de los roles tradicionales masculino y femenino en la imagen de Daksina-kalI.

La guirnalda de cabezas cortadas representa a Kali como sabda brahman, la naturaleza subyacente de la existencia como sonido, especialmente el sonido primigenio, om.

Algunos escritos mencionan una guirnalda de cincuenta cabezas o calaveras para simbolizar las cincuenta letras sánscritas.

Toda la creación procede de las diversas semillas sonoras (bijas), y Kali se identifica con este poder subyacente.

Su faja de miembros amputados simboliza la aniquilación del karma de los devotos.

Los brazos representan actos, hechos-karma-y las consecuencias vinculantes de este karma han sido trascendidas, o cortadas, por así decirlo, por la sadhana o devoción Kali.

Ella ha bendecido al devoto eliminando su karma.

Otras imágenes o formas de Kali realzan vínculos similares con la verdad última o la realización espiritual. Guhya-kali está adornada con decoraciones y amigos serpientes y se la caracteriza por tener los ojos hundidos, colmillos aterradores, una lengua en continuo movimiento, pelo enmarañado y un enorme vientre.

Su hilo sagrado es una serpiente, está sentada en un lecho de serpientes, la serpiente cósmica de mil cabezas Ananta está sobre su cabeza y está rodeada de serpientes. El simbolismo de la serpiente es complicado, pero en este caso representa el dominio cósmico de Kali.

Al igual que Vishnu, está protegida por Ananta, lo que indica que es una energía creativa y primigenia. También se dice que las serpientes poseen una profunda comprensión e inmensas riquezas, que reciben a través de su relación con el interior de la tierra.

Son emblemas de la metamorfosis, ya que pueden mudar de piel y metamorfosearse en nuevas entidades. Las serpientes son figuras liminales en el sentido de que perforan la tierra y el inframundo.

Viajan entre planos cósmicos y estados de existencia, entre los reinos de los vivos y los muertos, como criaturas que habitan tanto en la tierra como sobre ella.

Kali se siente "en casa" con estas entidades enigmáticas, fuertes y liminales, lo que implica su naturaleza transformadora y su fuerza. Muchos de los mantras dhyana de Kali la mencionan bebiendo vino o sangre, sosteniendo copas o cráneos vacíos llenos de vino o sangre, o estando embriagada.

Siddha-kali bebe sangre de una calavera que sostiene en su mano izquierda. Guhya-kali y Raksa-kali (también conocida como Mahakali) beben vino. Se dice que Smasana-kali está siempre ebria, ya que lleva una calavera llena de vino en la mano derecha.

Aunque existen varias interpretaciones de la intoxicación de Kali, ésta sugiere una alteración de la conciencia, posiblemente el amanecer de la conciencia liberada, en la que se superan las restricciones y limitaciones de lo convencional.

La abrumadora prominencia de la imaginería de la muerte en todas las imágenes de Kali también puede interpretarse como una representación de la naturaleza transformadora de la diosa y, por tanto, de su relación con el conocimiento último, la sabiduría y la iluminación.

¿Qué representación más impactante de un cambio drástico que la muerte, la transición más profunda que experimenta un ser humano?

La imaginería de la muerte (cadáveres, campos de cremación, partes del cuerpo cortadas) sugiere que Kali se encuentra en el umbral del cambio, que es la guía que lleva al aspirante de un estado de ser, un estado de conciencia, a otro, que es la maestra del cambio y la transformación.

El modo en que se venera a Kali en la tradición tántrica también puede implicar su conexión con la realidad última. La sadhana tántrica a Kali, según Swami Annapurnananda, es Vedanta Advaita aplicado o práctico (monismo), en el que uno se esfuerza por descubrir la identidad subyacente entre uno mismo y la realidad última, brahman, simbolizada por Daksina-kali.

Al realizar la sadhana de Kali, uno crea su imagen fuera de sí mismo, la adora identificándose con ella y luego la vuelve a arrojar dentro de sí.

Este procedimiento implica someterse ritual y psicológicamente a la propia muerte y destrucción antes de recrear el universo con Kali en el centro.

Rituales como el nyasa, en el que uno impregna su cuerpo con las sílabas semilla de las deidades, identificándose así con los diversos aspectos del cosmos, y el bhuta suddhi, en el que el adepto imagina la disolución y recreación del cosmos, son recursos rituales que subvierten la identidad limitada y centrada en el ego.

El método se esfuerza por ampliar y universalizar la identidad del adepto hasta el punto de que no quede ningún sentimiento de "yo" o "mí". El propósito es identificarse por completo con Kali, el símbolo absoluto, trascendiendo el nombre y la forma, la individualidad y lo particular.

Ciertos aspectos del saivismo de Cachemira, que podrían describirse como idealismo dinámico, afirman que los estadios y ritmos de la conciencia son el fundamento de la realidad y se identifican con doce Kalis.

Es decir, Kali, en sus muchas encarnaciones, representa la conciencia, así como los procesos de cognición y conocimiento.

Se considera que Kali es la esencia central de la realidad y el emblema más adecuado de dicha esencia, ya que es idéntica a estos procesos.

KALI EN EL TANTRA TODALA

———

El Todala Tantra afirma que Kali es el dios más significativo para muchos bengalíes hindúes. Se identifica con la diosa suprema, Devi Bhagavati, y engloba a todas las demás deidades.

Se la considera igual a Durga en dignidad, y sus festivales anuales, que coinciden, se celebran con gran pompa: se organizan banquetes, se reparten regalos y se visten ropas nuevas en honor de la Diosa. Durga y Kali, dos manifestaciones de la misma diosa suprema, son feroces y violentas.

La Diosa representa el poder, la potencia y el dinamismo divinos. Regenera la creación y la preserva hasta que llega el momento en que debe replegarla sobre sí misma tras la gran desintegración de los planetas.

Su magnífica personalidad tiene aspectos buenos y malos. Es a la vez la Madre bondadosa de todas las criaturas creadas y la monarca cósmica soberana que mantiene la ley y el orden cósmicos con su fuerza indomable y su energía irresistible. Castiga a los malvados y recompensa a los justos.

Por encima de todo, protege a todos sus animales y es especialmente amable y compasiva con sus fieles seguidores, como una madre cariñosa con sus hijos. El culto a Kali tiene una larga historia de evolución, durante la cual su carácter ha cambiado drásticamente.

Según la tesis de Alexis Sanderson "Saivism and the Tantric
Tradition" (El saivismo y la tradición tántrica), en los siglos IX y
X de nuestra era, los exégetas tántricos cachemires organizaron y
sistematizaron la literatura tántrica según los numerosos cultos,
en su mayoría de diosas y dioses temibles.

Se centraba principalmente en ciertos mantras y en las
actividades esotéricas vinculadas a ellos, una de las cuales se
conoce como la Sede de la Conciencia (vidya-pitha).

El vidya-pitha está relacionado con los libros que tratan de los
cultos más esotéricos de Kali. Proponen la llamada tradición de
la mano izquierda (vama-marga), comportamientos antinómicos
que incluyen el vino, la sangre y el sexo, que pasaron a conocerse
como prácticas kaula.

El término vidya se refiere a los mantras esotéricos que, según se
dice, son manifestaciones del conocimiento o conciencia últimos
de Kali. En la India se la conoce como Kali no por su aspecto
negro, sino porque absorbe y trasciende el Tiempo (tola),
convirtiéndose en la verdad trascendente eterna
(Kalasamkarsini).

Así, Kali superó incluso a Siva como la mayor divinidad de esta
religión. Esta religión de Kali evolucionó a través de numerosas
corrientes y persistió en el culto de Guhyakali, que aún hoy se
venera en Nepal como Guhyesvari y en Mithila (Bihar).

Al mismo tiempo, en Cachemira surgió una importante religión
tántrica alternativa conocida como el culto Trika de las tres
diosas. Ellas son:

Para, que significa trascendente; Parapara, que significa trascendente y material; y Apara, que significa material.

El segundo y el tercer estado están relacionados con el proceso cósmico de la creación; el segundo es el estado en el que se perturba la unidad trascendente de la realidad y la diosa siente la agitación de la existencia polarizada en su interior, anunciando el siguiente momento en la evolución cósmica de la creación diversa.

Estos dos cultos se influyeron mutuamente. Los cultos de las tres diosas y Kali no estaban separados de la forma en que lo están las sectas rivales. El Jay adrathayamala demuestra que los adoradores de Kali construyeron sus propias interpretaciones de la religión de las tres diosas. A su vez, el Trika absorbió estas y otras terapias nuevas y más esotéricas de la izquierda.

Como resultado, en un Trika posterior, se añade Kalasamkarsini para ser venerada por encima de las tres diosas del tridente". Esta tendencia persistió a lo largo de la historia del culto a Kali y se aprecia claramente en el Sakti-samgama Jantra (1.1.28-47), en el que las tres diosas vidya Kali, Tara y Chinna, es decir, Chinnamasta, forman una especie de tríada.

De hecho, ha documentado cómo los devotos del culto a Kali entendían el término Kali.

Así, como nos dice Abhinavagupta en su Tantraloka, la conciencia autónoma que es el Absoluto se llama Kali:

(i) porque lanza, en el sentido de que proyecta el universo, haciéndolo aparecer como más allá de él... ;

(ii) porque a través de ella la proyección vuelve a ('va a') su identidad como cognición... ;

(iii) porque conoce lo proyectado, en el sentido de que lo representa como idéntico a Las principales diosas-emanciones de Kali, la conciencia última y absoluta, constituyen un trío horizontal en el nivel cósmico diferenciado, a saber, Mahamaya, Sundarr y Bhairavi, en sustitución de la tríada puránica de Brahma, Visnu y Rudra/Siva.

Aunque Brahma y otros no fueron completamente despojados de sus papeles cósmicos, fueron degradados a un estatus sumiso.

El Todala Tantra fue escrito probablemente en el siglo XIV d.C. Se trata de un Tantra breve de 10 capítulos (patalas) y 398 líneas. Ganó popularidad en Bengala, sobre todo a principios de la Edad Moderna, y se ha citado como fuente bíblica en numerosos manuales sacerdotales bengalíes, entre ellos el Purohita-darpana sobre el culto ceremonial a Daksina Kali, también conocida como Adya Kali. El culto ceremonial de Kali y otros Mahavidyas es el tema central de varios libros. En ellos se describen todos los Mahavidyas, que son más de 10, así como sus asociados, que son diversas encarnaciones de Siva. Proporcionan de forma concisa todas las secuencias ceremoniales necesarias para la adoración de los dos primeros Mahavidyas, incluidas las fórmulas esotéricas (mantras) y el procedimiento de meditación asociado. También tienen todo un programa de adoración a Siva, repleto de mantras y demás, que parece ser el mismo para cada aparición.

Según ella, es necesario adorar a Siva inmediatamente después de adorar al Mahavidya aplicable. El libro se representa tradicionalmente como una conversación entre Siva y su novia celestial Parvati, que es la estudiante y la interlocutora, mientras que Siva es el maestro del conocimiento sagrado (sastra).

En la narración hay muy poco debate teológico u ontológico, aunque a menudo se alude a la ultimidad de Kali.

La bibliografía aborda el significado esotérico de los mantras de los tres primeros Mahavidyas y la práctica del yoga tántrico; el kundalini yoga esotérico recibe una atención específica.

El Todala Tantra, que deriva de la escuela Krama del teísmo del poder monista (sakti-advaya), dice que el yoga esotérico es superior a los rituales esotéricos porque los rituales necesitan una conciencia distinta, mientras que el yoga no. Esto se amplía con una descripción del kundalini-yoga, que proporciona un paralelismo minucioso del microcosmos con el macrocosmos.

El kundalini-yoga conduce a la liberación del samsara, ya que el yogin se convierte en uno con la Diosa tras atravesar el velo de la ilusión, maya, utilizando vidya.

Nuestro ensayo menciona tres posturas yóguicas fundamentales en relación con la práctica del yoga esotérico: el yoni mudra, el svalpa yoni mudra y el kakicancu mudra. Todas son posturas de kundalini yoga en las que regular el paso del aire en el cuerpo bloqueando todas las salidas naturales de aire es de suma importancia.

Aunque proporciona mantras y ritos relacionados con los Mahavidyas, el material es tan limitado que la obra debe complementarse con otros manuales, como el Tantrasara de Krenananda o el Kaulavalinirnaya de Jnananandagiri.

Para comprender el contexto teológico de nuestro texto, debemos acudir a otros textos bíblicos de la época medieval (aproximadamente de 1200 a 1800 E.C.). En su mayoría proceden de la India oriental, aunque algunos pueden ser de Bengala.

En esta época, el culto tántrico budista Tara-Ugratara-Ekajata se había mezclado con el culto a Kali y otros mahavidyas representados en el Todala Tantra.

Tres libros son esenciales para comprender la historia y la naturaleza de Kali, la diosa suprema, en la India oriental a lo largo de la época medieval (aproximadamente de 1200 a 1800 d.C.).

Uno de ellos es el Sakti-samgama Tantra, una enorme colección de rituales, mantras y otras prácticas esotéricas relacionadas con Kali y sus numerosas encarnaciones. Esta literatura, junto con el Tantrasara y el Devimahatmya (Devimahatmya), que comprenden la última parte del Markandeya Purana, han influido en la filosofía tántrica bengalí, la teología y la práctica del culto a Kali.

Allí, la Devimahatmya se conoce simplemente como Candi (la mujer terrible), y los fieles Tantries la repiten todos los días. En realidad, la iconografía de Kali, tal como la practican los imagineros tradicionales, tiene restos de la representación de la diosa Kali en esa literatura.

El Devimahatmya describe a Kali como una emanación menor de la Diosa, una criatura demoníaca espantosa y horrible. Fue contratada para chupar hasta la última gota de sangre de Raktabija, el demonio comandante, después de emanar del furioso tercer ojo de la Diosa suprema para ayudar a la Diosa en su guerra contra las huestes demoníacas de Sumbha y Nisumbha. Raktabija era único en el sentido de que incluso una gota de su sangre derramada en el suelo generaba innumerables clones. Este deber de lamer sangre está simbolizado por la boca de Kali. Sus colmillos y la miríada de cabezas cortadas y miembros manchados de sangre que adornan su torso también representan su naturaleza demoníaca. Embriagada tras beber sangre, ríe a carcajadas mostrando los dientes superiores.

Según el Kalika Purana, Kali tiene una calmante tez negra, es exquisitamente hermosa, cabalga un león, tiene cuatro brazos, sostiene una espada y lotos azules, su pelo está desatado, su figura es robusta y joven (Kalika Purana 5.52).

Un tercer punto de vista puede encontrarse en escritos tántricos como el Sakti-samgama Tantra, en el que Kali está desnuda y sentada sobre el cuerpo yacente de Siva, absorta en el éxtasis de la relación sexual inversa con él.

Aunque el tercer tipo, la diosa sentada sobre el cuerpo sin vida de Siva, rara vez se utiliza fuera de la devoción esotérica, estas tres interpretaciones distintas de la diosa suprema Kali han afectado a su iconografía contemporánea.

Sin embargo, encontramos dos representaciones muy distintas de Kali en el Sakti-samgama Tantra. Kali es sólo la luz de la

conciencia pura en su condición más elevada, pero en la etapa
creativa se la representa en una forma que es más sobrecogedora
que encantadora. La Diosa más elevada está inextricablemente
unida a la deidad suprema Siva, siendo ambas una entidad
inseparable.

Sin embargo, en esta creencia tardía, Kali a menudo supera a Siva
y actúa de forma independiente para iniciar la creación. Aunque
la creación se basa en su componente maya, a menudo parece
una actividad biológica. Esta noción se pone de relieve en las
imágenes de Kali y Tara, que parecen tener coito con Siva, que
yace como un cadáver.

La representación de Siva como un cadáver pone de relieve su
absoluta inercia y pasividad en el proceso de creación; la Diosa
toma la iniciativa en la creación. En consecuencia, Siva no es un
cadáver y simplemente se le representa como tal. Esto se subraya
en el Todala Tantra. Esta tradición también enfatiza la relación
de Kali con Visnu como Visnu-maya.

Para enfatizar la soberanía de la Diosa, el Devimahatmya adaptó
el primitivo relato vaisnava de la creación del mundo a partir del
tuétano y la grasa de dos demonios llamados Madhu y Kaitabha,
y sustituyó a Visnu por Devi como matademonios. La religión
de la diosa suprema se denomina Vaisnavi Tantra en el Kalika
Purana, y el mantra primario, que es un saludo a la diosa suprema
con ciertas palabras místicas añadidas, se dirige a esa deidad:

Om hrim srim vaisnavyai namam (Om hrim srim vaisnavyai
namam).

"Así, la Devi Bhagavati, aunque eterna, se manifiesta una y otra vez para la protección del mundo, oh Rey" (Devimahatmya 12.36), haciéndose eco claramente de la famosa descripción de los avataras de Visnu/Krsna en el cuarto capítulo del Bhagavad Gita.

Tanto el Todala Tantra como el Sakti-samgama Tantra establecen algún tipo de conexión entre los diez avataras de Visnu y las diez emanaciones vidya principales de la Diosa. Cuando se la representa como la hermana de Visnu o la personificación de la maya de Visnu, a menudo se mitifica su proximidad a Visnu/Krsna.

La Diosa superó a los tres dioses cósmicos, Brahma, Visnu y Rudra, en la tradición tardía. Sakti-samgama es un tipo de samgama.

El Tantra describe así las actividades creativas de la diosa Kali:

La diosa primigenia Daksina (compasiva) Kali ejecutaba la danza de la desintegración cósmica rodeada de chacales aulladores y otras criaturas carroñeras. El mundo destrozado se extendía a sus pies como una fosa común. Kali es conciencia pura, completamente trascendente, y el único Ser. Ella engulle tanto a Siva como a Sakti, el Poder celestial.

Kali vio inmediatamente su propia imagen especular o sombra dentro de sí misma en un tiempo primigenio, que es la ilusión, Maya. Kali produjo la forma imaginaria de Siva en esa Maya, que se convirtió en la deidad primigenia y consorte de Kali.

El caos del cosmos devastado desapareció cuando Kali participó en el acto sexual con Siva, adoptando la postura de inversión y el papel activo.

Kali tuvo un hijo después de un coito prolongado, que maduró en una hembra impresionantemente encantadora a la que Kali llamó Sundari, la mujer hermosa. Siva, que pretendía expresar su ira y su necesidad, se dejó engañar por su atractivo. La necesidad y el deseo de autoexpresión de Siva dieron lugar al habla, que evolucionó desde su unidad básica hasta el sistema de sonidos, letras y lenguaje que llegó a abarcarlo todo.

Siva, por su parte, aclamó a la diosa Sundari como el deseo de su corazón, la más bella de los tres reinos, la exquisita deidad soberana y el océano de la compasión nectarífera.

Siva se dirigió entonces a Kali como la más espantosa, rugiendo como un chacal, con colmillos crueles y terriblemente horrible, con la lengua fuera y un gruñido espantoso.

Mientras Siva decía estas dos afirmaciones a las dos diosas, Kali desapareció abruptamente, como si estuviera enfadada, dejando a Siva solo con Sundari, el vástago de la ilusión, para completar el trabajo de la creación.

Kali, que es la esencia de la creación y la trascendencia, se convirtió en la fuerza dinámica cósmica abstracta. Pero sin Kali, Siva quedó completamente deprimido y desconcertado; de ahí que la amorosa Kali aliviara la incertidumbre de Siva y le infundiera una conciencia cognitiva sin trabas y el deseo de procrear.

Además, para darle poder, enseñó a Siva la técnica tántrica del kundalini yoga y le asignó como compañera a la encantadora diosa Ambika, la Creadora cósmica (Sakti-samgama Tantra 1.1.22-45).

Este mito transmite eficazmente la idea de que la divinidad suprema trascendente es femenina; que es la diosa Daksina Kali, que encarna las polaridades cósmicas masculina y femenina; que es la soberana cósmica que gobierna el sistema de la creación; y que la creación se basa en el engaño cósmico, que es su imagen especular.

Esta ilusión divina, conocida como Maya o Mahamaya, es la habilidad divina de Kali, que asegura que a pesar de la completa unidad de Kali y Siva, este último está dividido en una forma ilusoria por el poder ilusorio de Kali.

De este modo, Siva es engañado haciéndole creer que es un dios distinto de Kali, y de ahí que se sienta atraído por la figura ilusoria de Sundari.

Así, se utiliza una historia de la creación para promover el principio básico del monismo, que destaca la unicidad de una única esencia universal y demuestra lo ilusorio de la visión dualista del mundo. Las divinidades cósmicas masculinas y femeninas son consecuencia de una alucinación. En realidad, la diosa suprema Kali es única e inmutable, al tiempo que es la fuente y la base de toda la creación. Kali, la Realidad constantemente existente, trasciende tanto la creación como su aniquilación.

La llegada de la magnífica imagen especular de Maya proclama la creación como un proceso evolutivo, y en ese momento de la creación primordial, Kali, la conciencia pura que existe más allá del alcance del habla y de la creación fenoménica, se desvanece tras la ilusión y su deseo de influencia y se transforma en la energía dinámica cósmica que activa el proceso continuo de creación.

Purusa, el ser consciente primordial, es Siva en el instante de la creación. Tiene vidya, omnisciencia, e iccha, deseo sexual, y se le conoce como Sadasiva, quien, junto con Sundari, forma la pareja primordial (Sakti-samgama Tantra 1.1.103-6). Es Siva-tattva, el yo cósmico, según la ontología tántrica.

Vidyatattva es la Sakti/Maya en desarrollo que es similar a la Diosa Suprema. Ellos forman las realidades cósmicas, que en última instancia son una y la misma, junto con el yo individual, Atma-tattva.

El Devimahatmya explica la naturaleza de la diosa suprema, Mahadevi, y de la ilusión última, Mahamaya.

Cuando se culpa a la Diosa del carácter insatisfactorio y fugaz de esta existencia, se la apoda Mahamaya, el gran engaño.

La verdadera fuente de esto es el deseo humano de posesión y reproducción, que Mahamaya engaña a la gente haciéndoles creer que es una característica intrínseca. Sin embargo, a la Diosa también se la considera la sabiduría suprema, Vidya, que libera a las personas de los grilletes del deseo y del consiguiente ciclo eterno de nacimientos y muertes. Esta es una de las muchas contradicciones que conforman el enigma de la naturaleza divina de la Diosa.

Otra afirmación significativa del Devimahatmya vincula Maya con Prakrti, que es la sustancia fundamental en desarrollo en la filosofía dualista Samkhya. El Svetasvatara Upanisad (4.9-10) fue el primero en mencionar esta identificación.

Sobre la base de tales pasajes (Devimahatmya 1.59 y 4.6), parece seguro decir que el Devi" Mahatmya ha cambiado el enfoque de la escuela Samkhya y el Svetasvatara Upanisad al entender prakrti no como la mortaja material o posesión del espíritu sino como ella misma supremamente divina, como la propia Devi.

Según el Sakti-samgama Tantra (1.100), la mayor Sakti, o Diosa, es Prakrti, y su contrapartida especular es la fuerza creciente Mahamaya. Así, Prakrti alude a la Diosa suprema, que es en última instancia la única fuente y origen de todo, sin nada fuera de ella. Esta tradición teológica se apoya en las explicaciones del Todala Tantra sobre la naturaleza de la diosa Daksinakali y sus diversas emanaciones Vidya.

El Cinacara krama Tantra, el Matrka-bheda Tantra, el Gupta-sadhana Tantra, el Kalika Purana, el Brahma-vaivarta Purana, el Brahmanda Purana y otros documentos tántricos de la época son también esenciales para el desarrollo de Kali y su culto Mahavidya. El dominio de la diosa Kali es un elemento definitorio de esta cultura.

El femenino, de los dos géneros, refleja el poder dominante y la voluntad autoritaria del universo. Sin embargo, si lo último es realmente último, debe incorporar ambos géneros.

Lo masculino y lo femenino son partes de la realidad divina, trascendente, que los trasciende pero, no obstante, los incluye. La Devi, en su forma máxima de conciencia, trasciende el género, pero esta trascendencia está inextricablemente ligada a su inmanencia.

De hecho, el Purana (Devi-bhagavata) presenta esta afirmación de la unicidad de la trascendencia y la inmanencia como la esencia misma de la madre divina. En nuestro pasaje, asistimos a lo que puede considerarse "el triunfo definitivo" de la diosa.

No es que sea muy superior a los dioses masculinos, como afirman los relatos del Devi-bhagavata, sino que trasciende su propia esencia femenina como Prakrti sin rechazarla.

El relato Sakti-samgama Tantra es único en el sentido de que presenta claramente este concepto. Mahamaya, el manantial femenino del cosmos, es Prakrti, no Kali, sino su contraparte especular. Kali supera a su siempre cambiante imagen especular. Tanto la ilusión como el conocimiento existen en el cosmos Mahamaya. La ilusión de Siva se limita a su deseo sexual por Sundari, pero su conciencia cognitiva no se ve afectada. En este sentido, existe una similitud entre las tres diosas Kali, Mahamaya y Sundari y las tres diosas de la tradición Trika, Para, Parapara y Apara. Sundari corresponde a Apara, el tercer dios de la tríada Trika (Sakti-samgama Tantra 1.1.102). El Todala Tantra (1.7-8) lo afirma afirmando que se la conoce como Pancami, la mujer quíntuple, ya que se la distingue como los cinco componentes cósmicos.

KALI EN EL CULTO MAHVIDYA

E l Todala Tantra abarca el culto ceremonial de los Mahavidyas, las diez grandes fórmulas esotéricas. Abundan los significados tántricos del término vidya. Vidya es la gran Diosa porque es el conocimiento impecable, libre de cualquier cognición cognitiva diferenciada o discursiva y sin ninguna relación con nada conocido. Este intelecto puro da como resultado la liberación. Vidya también se refiere a una fórmula esotérica que, cuando es potenciada por su dios Sakti, es capaz de conferir enormes habilidades (bhukti) y, finalmente, la redención (mukti) a su adorador tántrico.

Estas diez Mahavidyas, o grandes fórmulas místicas, son las de Kali, Tara, Sodasi (también conocida como Sundari o Tripurasundari, que significa la Bella en los Tres Mundos), Bhuvanesvari (Soberana de los Tres Mundos), Bhairavi o Tripurabhairavi (la Dama Feroz), Chinnamasta (la Dama Decapitada), Dhumavati (la Dama Gris, que se representa en icono.

Es evidente que el número de fórmulas no se fijó inicialmente en diez. Otras fórmulas mencionadas en la literatura antigua, como el Todala Tantra, son las de Durga, Annapurna y Kulluka. Las dos primeras son diosas generalmente populares, pero la tercera adquirió especial relevancia en los rituales esotéricos de mantras y vidya.

Como literatura enciclopédica, el Sakti-samgama Tantra cita tanto un grupo de 10 Mahavidyas como listas adicionales de Mahavidyas que no se limitan a diez miembros.

En la tradición tántrica tardía, la diosa Kali adquirió prominencia como la más importante de este conjunto de fórmulas principales y sus diosas del poder.

Adya, la mujer primordial, es considerada la primera diosa del poder. El Todala Tantra se centra únicamente en los mantras y el culto ceremonial de Kali y Tara, mientras que Sundari sólo se menciona brevemente.

Excepto en el caso de Dhumavati, el tratamiento exhaustivo de sus mantras, en particular los mantras monosilábicos de la semilla (bija), abarca también a las demás Mahavidyas. Esta última imagen es un poco desconcertante: no está claro por qué se la incluye en este grupo de diosas de la fuerza. Su mantra semilla, al igual que el de otras deidades comunes como Ganesha, no es más que la primera sílaba de su nombre, dhum.

Como resultado, aunque las fórmulas de cada una de estas diosas varían, sus identidades no siempre son fáciles de detectar y discernir. También es imposible precisar el inicio de su fama o la formación del grupo de las diez.

La historia de cómo surgieron los diez Mahavidyas se presenta en el Brhaddharma Purana de la siguiente manera: Sati, la esposa de Siva, se enteró de que su padre Daksa estaba planeando un sacrificio masivo al que estaban invitados todos los dioses y celestiales excepto ella y Siva. Se puso furiosa e informó a su marido de que iba a ir a casa de su padre para darle una lección de conducta responsable. Siva era consciente de la hostilidad de Daksa contra él y Sati, y temía que ésta se sintiera insultada, con consecuencias desastrosas, por lo que intentó persuadirla para que no asistiera.

Sati se enfadó y volvió a su forma real de Kali, que había reprimido cuando decidió nacer como la encantadora hija de Daksa y Prasuti para casarse con Siva. Siva se sintió totalmente conmocionado e intentó huir tras ver su horrible metamorfosis. Ni siquiera sus palabras tranquilizadoras surtieron efecto.

Cuando Siva intentó marcharse, la Diosa emergió en una de sus encarnaciones en cada una de las cuatro direcciones. Finalmente, la Diosa comunicó a Siva que ella era la realidad suprema Kali, la causa de todos los sucesos. Se había mostrado como su extraordinariamente bella hija Sati a petición de Daksa y su esposa, y posteriormente se había casado con Siva.

Las 10 manifestaciones que obstruían el camino de Siva en todas direcciones eran sus propias vidya-manifestaciones. La Mahavidya Kali apareció ante él, al este; Tara apareció sobre él; Chinnamasta apareció a su derecha (sur); Bagala apareció a su retaguardia (oeste); Bhuvanesvari apareció a su izquierda (norte); Dhumavati apareció a su sureste; Sundari apareció a su suroeste; Matahgi apareció a su noroeste; Sodasi apareció a su noreste; y Bhairavi estaba inmersa en su ser. Siva le pidió disculpas por presumir de autoridad marital y dejó de protestar por su marcha a casa de su padre tras conocer la verdadera naturaleza y habilidades de la Diosa.

Como consecuencia, Daksa quedó desolado pero escapó con vida; Sati, por su parte, perdió la vida a consecuencia de los actos de su padre (Brhaddharma Purana 2.6.65-89, 128-52).

Intentemos ahora identificar a estos 10 Mahavidyas. En la tradición oriental, no parece haber distinción entre Kali y Tara.

Según el Mahacinacara-krama Tantra 2.37, los actos antinómicos son necesarios para la adoración de Tara en el linaje Mahacina. El Todala Tantra coincide en las características únicas de Tara.

Aunque el Todala Tantra ordena el uso de los cinco componentes esotéricos que simbolizan la práctica vamacara (carne, pescado, bebida, mujer y fluidos sexuales) para el culto a Tara, parece considerar que estas prácticas no son necesarias para el culto a Kali. Quizá por eso este pasaje se considera la autoridad bíblica para el culto no esotérico a Kali en Bengala, tanto en templos como en casas particulares.

Otros escritos, como el Brhat-nila Tantra y el Maha-nirvana Tantra, sostienen que estos rituales son necesarios para el culto a Kali. Sin embargo, después de afirmar que las cuatro diosas Daksina Kali, Tara, Sundari y Bhairavi comparten el mismo estilo de adoración, el Mahdcinacara-krama Tantra nos informa en una declaración posterior (2.38) que las dos últimas comparten otro estilo de adoración, presumiblemente más ortodoxo (es decir, daksinacara), pero las dos primeras deben ser adoradas con prácticas antinómicas (es decir, vamacara).

Tara es conocida como Nilasarasvati en el Brhat-nila Tantra, y se la describe descansando sobre el cadáver de Siva en postura de lucha, con la pierna izquierda adelantada y la derecha echada hacia atrás, joven y sonriente pero de aspecto sobrecogedor, adornada con guirnaldas de cabezas cortadas, baja, barrigona, poderosa y vestida con piel de tigre. Tiene la lengua fuera y cuatro brazos. Tiene mechones enmarañados de color fuego sujetos en una sola masa en la parte superior de la cabeza, en la que se encuentra el rostro de Aksobhya. Ekajata y Ugratara son otros de sus nombres.

Como ya se ha dicho, la iconografía popular de Kali es similar a la de Tara, a excepción de su cabello, suelto y despeinado.

Todas las características inusuales de Tara demuestran su fuerte parentesco con la deidad budista Tara (Salvadora), inmensamente popular entre los budistas tibetanos y de otros países del Himalaya.

Tanto el Todala Tantra como el Sakti-samgama Tantra designan a Aksobhya como esposo de Tara, mientras que el Todala Tantra ofrece una peculiar historia para explicar cómo Siva llegó a ser conocido con ese nombre. Su mantra semilla es strim, según el Todala Tantra.

Otra fuente, el Pancaratra Laksmi Tantra, asocia a Tara con el Poder celestial más elevado, que es el mismo que Vac, la diosa de la palabra. Sodasi y Bhuvanesvari parecen ser variantes de Sundari y Bala y están asociadas al culto de Tripurasundari o Lalita; para más información, léase el Parasurama-kalpa Sutra.

Bhairavi, también conocida como Tripurabhairavi, pertenece al mismo culto. Chinnamasta, también conocida como la Dama Decapitada, es una diosa en posición de batalla, con la pierna izquierda hacia delante y la derecha hacia atrás. Su mano derecha sujeta una espada con la que acaba de cortarse la cabeza.

De su cuello manan tres chorros de sangre: uno a su izquierda lo bebe una diosa menor llamada Dakini, otro a su derecha lo bebe Varnini y el tercero brota hacia arriba y lo bebe la propia cabeza cortada de la diosa.

Está de pie sobre una mujer tumbada que mantiene relaciones sexuales con un hombre tumbado debajo de ella. Se dice que esta pareja representa a Madana, la deidad del deseo sexual, y a su esposa Rati, la diosa del placer sexual. La diosa es la encarnación del fuerte mantra hum y se la conoce como Vajravairocani, una deidad budista.

Para explicar esta horrible imaginería, el Sakti-samgama Tantra 4.5.152-73 cuenta una extraña historia. La diosa abandonó abruptamente a su esposo Siva en medio de su juego amoroso. Siva le preguntó por qué había desaparecido tan rápidamente y por qué estaba tan pálida cuando reapareció. La diosa declaró que necesitaba bañarse con sus hambrientas amigas Dakini y Varnini.

Tras el baño, la diosa alimentó a los tres con su propia sangre, que brotó de su cuello cortado. Bagala, también conocida como Bagalamukhi, es un avatar de piel dorada de Tripurasundari, la diosa que gobierna las armas letales.

Dhumavati, alta, negra, tosca y de complexión enfermiza, es difícil de reconocer. Tiene el pelo fino y enmarañado, y su comportamiento es agitado y belicoso. Viste un atuendo mugriento y se desplaza en un carro con una bandera que representa un cuervo.

Se la considera la encarnación de todo lo que hay de turbio, antisocial y desafortunado en las mujeres, el polo opuesto de la diosa Sri.

Se la representa como una viuda que supuestamente devoró a su marido Siva en un frenesí de hambre.

Se formó a partir de la furiosa conflagración del sacrificio de Daksa y la muerte de Sati. Frunce el ceño, llora desolada y sostiene un abanico de aventar.

Según Laksmana Desika, comentarista del Saradatilaka Tantra (24.9-14), Dhumavati es la misma deidad que Jyesthya.

Los dos últimos Mahavidyas son bien conocidos por el culto Lalita. En esa secta, Matangi es la misma que Syamala. Se la considera sobre todo la diosa que preside las bellas artes, como la capacidad de producir poesía.

Es extremadamente atractiva y de tez oscura, pero por lo demás se parece a Lalita (Parasurama-kalpa 6.1-39). La undécima Mahavidya es la diosa Laksmi alias Sri alias Kamala, esposa de Visnu, aunque también está vinculada al mantra Tripurasundari.

PRÁCTICAS TÁNTRICAS KALI

El Todala Tantra es uno de los escritos tántricos que componen el Mantra marga, o camino del Mantra. Mantra marga se refiere al paradigma tántrico del culto ritual y la meditación en su conjunto.

Cada mantra tiene su propio sistema ritual paradigmático, un patrón que se ha establecido más o menos, con cambios para adaptarse al mantra pertinente y a su dios, así como a la aplicación prevista del intérprete.

Los practicantes tántricos utilizan el mantra marga para dos fines principales: liberarse de la esclavitud de la transmigración incesante (samsara) o recibir recompensas como poderes y logros sobrenaturales -mukti y bhukti, respectivamente-.

Debido a que el Todala Tantra se ocupa principalmente de mukti, evita la adoración esotérica de Mahavidyas distintos de los tres primeros: Kali, Tara y Sundari (o Bhuvanesvari). Los buscadores de mukti son más respetados que los buscadores de poder y éxito, mientras que estos últimos son venerados y buscados por los devotos ordinarios para obtener ventajas personales, como la protección contra la enfermedad y la desgracia y la destrucción de los enemigos.

Preliminares, invocación, servicio ritual y conclusión son los cuatro componentes principales de este culto tántrico esotérico:

Preliminares.

En primer lugar, lo divino se representa mediante frases esotéricas, movimientos de las manos (mudras), símbolos de culto a la deidad, la mayoría en un diagrama (yantra), y a veces una imagen y un cántaro lleno de agua.

En segundo lugar, un gurú sectario cualificado debe haber introducido adecuadamente al practicante (sadhaka).

En tercer lugar, el adorador, el emblema de la deidad y los objetos de la ofrenda deben limpiarse física y místicamente.

El cuarto ritual es el de la seguridad. Las actividades esotéricas tántricas se consideran peligrosas. A menudo se representan como espíritus malignos que obstaculizan todos los movimientos del adorador.

En consecuencia, el adorador debe tomar medidas para alejar a estos espíritus de la zona sagrada del culto ritual, como emitir sonidos amenazadores, dar pisotones, aplaudir o chasquear los dedos, fruncir el ceño y poner cara de enfado, y esparcir objetos amenazadores como granos de mostaza blanca, etc.

El sexto ritual preparatorio, y quizá el más crucial, se conoce como nyasa. Consiste en la implantación, miembro a miembro, de mantras sagrados, que son la expresión sonora de lo divino, en el cuerpo corpóreo del adorador, sustituyendo así el cuerpo mundano por un cuerpo sagrado.

Por la misma razón, se realiza la misma instalación en el signo de la deidad.

Invocación.

Se invoca a la diosa, primero en el núcleo o corazón del adorador y luego en el asiento que éste ha preparado ritualmente para su devoción.

Servicio ritual.

Al principio, se rinde culto al dios en la imaginación contemplativa, y todas las ofrendas son de carácter abstracto.

A continuación, el practicante tántrico rinde culto a la Diosa con diferentes objetos de placer material. A continuación se rinde culto al esposo de la Diosa, Siva, y luego a su séquito de dioses y diosas menores que la rodean.

A continuación se realiza la ofrenda (bola), que casi siempre implica el sacrificio de un animal en el culto Mahavidya, es decir, la decapitación de un animal delante de la imagen.

Tras el sacrificio animal, se realiza un sacrificio de fuego. El mantra primario se repite un número determinado de veces (japa) durante una breve meditación.

Para los devotos del vamacara, las ofrendas ceremoniales culminan con las cinco cosas (carne, pescado, etc.). Por último, el adorador presenta al dios todos los méritos que ha ganado durante su servicio. También hace una ofrenda a la deidad.

Estas dos últimas acciones ceremoniales aluden a dos conceptos cruciales: la renuncia y el verdadero compromiso.

La primera requiere la completa erradicación del ego y la codicia. Incluso el hambre de la persona egoísta por adquirir méritos debe ser erradicada.

El segundo se deriva de la noción de bhakti, que ha llegado a representar la devoción completa al dios que uno aprecia. El devoto aporta todo lo que es suyo, así como su singularidad.

Conclusión.

Tras invocar a una fuerte manifestación de la Diosa y venerarla con algunas de las cosas previamente proporcionadas para su éxito personal y el de su servicio ritual, el adorador recita fórmulas específicas predeterminadas para su bienestar corporal, seguidas de cantos a la Diosa. El adorador ha completado su deber ceremonial diario obligatorio para con su Diosa y es libre de reanudar su vida habitual después de tomar una pequeña cantidad de la comida suministrada como gracia de la Diosa.

RITUALES TÁNTRICOS KALI

———

Práctica ritual tántrica. El Todala Tantra no aborda la iniciación tántrica, ni tampoco ningún principio religioso. Comienza con una descripción del culto ceremonial a Kali.

El primer acto ceremonial consiste en adorar mentalmente al gurú. Cuando el gurú se une a Siva justo antes de la creación, se conecta con la diosa suprema Kali.

Este material está dirigido a practicantes tántricos experimentados que estén familiarizados con la meditación tántrica sobre la kundalini, la forma constreñida e inactiva de la diosa creadora Kali, ya que permanece inmanente en todas las criaturas.

La meditación tántrica pretende despertar la kundalini mediante el control de la respiración (pranayama) y la meditación unipuntual (dhyana) en la deidad del practicante, que cuando despierta anhela unirse con Siva y vuela rápidamente hacia arriba a través del cuerpo yóguico del practicante, que contiene seis centros espirituales.

La Diosa creadora se une a Siva en la parte superior de este pasaje, justo encima del cuerpo del practicante, y este lugar divino, que trasciende la creación en un periodo anterior a la creación, se ve como una esfera o un loto con innumerables pétalos (sahasrara cakra).

El practicante tántrico se esfuerza por comprender y conectar con la Diosa todopoderosa y la actitud unificada pero distinta de Siva. Porque trasciende la creación, esto es emancipación.

El gurú del practicante ya ha alcanzado la liberación y, por tanto, es uno con esta deidad dual. Incluso antes de abandonar su lecho, el practicante realiza la meditación kundalinl sobre su gurú mientras canta su nombre, profesándole su absoluta lealtad. A continuación, comienza sus actos ceremoniales diarios.

Bhuta Suddhi.

La limpieza del cuerpo material del practicante, formado por cinco componentes cósmicos (bhutasuddhi), es el siguiente rito importante.

Se trata de otro tipo de meditación en la que el practicante medita sobre cada uno de los cinco componentes ontológicos, empezando por la solidez/tierra y terminando por el éter/espacio indefinido.

Se deshace de cada elemento disolviéndolo en el elemento que le precede. Así, en su mente, comprime toda la creación diferenciada en su forma microcósmica, hasta llegar al corazón del círculo de loto de innumerables pétalos, donde la energía de la Diosa quema las impurezas de su microcosmos, erradicando cualquier componente sobrante.

El microcosmos se regenera, puro y consustancial con lo divino, tras ser saturado y renovado por el néctar producido por el coito de la pareja celestial.

El significado de las ceremonias diarias de meditación como el bhutasuddhi es repetir el proceso de interiorización de la explicación teológica de la salvación como experiencia directa de la propia identidad real con vidya, la conciencia pura no dual, que no es otra cosa que la diosa suprema Kali en su forma trascendental.

Nyasa y Mantra

A través de la ceremonia de nyasa, el practicante puede intercambiar su cuerpo mundano limpio con la personalidad divina, vidya, tras esta repetida afirmación de su consustancialidad con Kali.

Los mantras y su fuente acústica (matrka), las letras del alfabeto sánscrito, son las nociones más esenciales de esta ceremonia. Los mantras son las manifestaciones sonoras de sus deidades, del mismo modo que las imágenes son sus manifestaciones visuales.

Como resultado, se piensa que los mantras de Kali y Tara son los cuerpos de mantras de estas dos deidades. En el sexto capítulo del Todala Tantra, se explica la noción del cuerpo de mantras de la Diosa. La práctica tántrica divide el mantra de una deidad en numerosos componentes.

La semilla, o bija mantra, es la parte más significativa. Mahavidyas como Kali o Tara contienen múltiples semillas, una de las cuales se considera la más importante.

La esencia de un mantra es la semilla. El nombre del dios sigue a la(s) semilla(s). Como todo el mantra es una frase, el nombre se inflexiona en vocativo o se declina en dativo cuando va seguido de la palabra namas, que significa "pleitesía".

Las fórmulas conocidas como vidyas se consideran tradicionalmente de género femenino, por lo que deben terminar en svaha. Sin embargo, en los mantras del Todala Tantra suelen añadirse numerosos mantras semilla antes del término svaha.

Cabe señalar que este término se emplea para las oblaciones védicas y está mitificado como el nombre de la esposa de la deidad del fuego Agni.

Un practicante, por otra parte, obtiene su mantra esotérico particular de su gurú, quien, conociendo el temperamento único del iniciado, selecciona una versión distintiva de su dios elegido. Este es entonces el mantra primario o mula del practicante iniciado.

El mantra mayor o mula mantra se divide en seis miembros principales (angas), que se consideran la forma corporal completa de su dios. Incluyen el corazón, la cabeza, el mechón de pelo, los ojos, el arma y el torso acorazado. Estos seis miembros representan el cuerpo completo del dios. El adorador invierte inicialmente sus palmas y dedos en fórmulas sagradas antes de invertir sus seis miembros en las secciones idénticas de su canto principal.

Dado que Vac, el Habla, es la diosa suprema, el adorador emplea el mantra matrka para un nyasa particular, ya que esa es la forma primigenia de la Diosa. El matrka nyasa se realiza de seis formas distintas durante el culto a Kali.

Mudra.

Mudra tiene varios significados. Su significado fundamental es "sello", pero en la terminología tántrica, mudra se refiere a un gesto de la mano o a una postura de meditación sentada (típicamente denominada asana), y en el contexto de los cinco elementos esotéricos de los dones a la Diosa, puede referirse tanto a una compañera femenina para la práctica ritual como a un simple tentempié.

Como el practicante va mentalmente al encuentro de criaturas celestiales y espirituales en sus rituales, los mudras o gestos de las manos se utilizan de diversas maneras.

En esta fase, todos los movimientos van acompañados de mímica, que suele ser tan visual que resulta sencillo interpretar su significado.

Por ejemplo, durante el dhyana o contemplación de la diosa, el adorador pronuncia el mantra de su iconografía mientras reproduce con movimientos los rasgos específicos de la deidad.

Así, mientras recita el mantra dhyana de Kalika, "Om, tú sentada sobre un cadáver, de apariencia feroz con dientes aterradores, que otorga objetos deseados [a sus devotos], que ríe [todo el tiempo], que tiene tres ojos, sostiene en sus manos un cráneo y una espada, "Imagínate, oh Diosa, [como] que tienes cuatro brazos, cuyos otros dos gesticulan el cumplimiento de los deseos del devoto y que prometes protección", gesticula el adepto con los dedos, ilustrando visualmente los rasgos expresados en ese canto. Los mudras yoni, bhutini, vara, abhaya, khadga y munda son ejemplos de ello.

SIGNIFICADO DE KALI

———

Kali puede considerarse la diosa que, de dos maneras, marca la pauta para el resto de las Mahavidyas. En primer lugar, representa a una persona liminal, que vive al margen de la sociedad y amenaza, subvierte o socava el statu quo actual.

Es una metáfora adecuada de los rituales tántricos y las prácticas de meditación que se esfuerzan por afrontar, apropiarse y conquistar la realidad prohibida, temida y "contaminante".

Como encarnación de lo contaminado, temido y despreciado, puede conceder la liberación, la liberación de la sumisión al convencionalismo, si el aspirante se enfrenta a ella con valentía.

En segundo lugar, Kali podría considerarse un símbolo de la realidad última, que encarna las verdades más grandes.

El adepto puede vislumbrar secretos que conducen a ciertas verdades básicas de la fe hindú interpretando sus rasgos y comportamientos de forma alegórica y creativa, que es una técnica ampliamente reconocida y practicada para comprenderla.

Desde este punto de vista, el aspecto dramático, a menudo insultante y siempre deslumbrante de Kali no debe tomarse al pie de la letra.

Su verdadero significado no es obvio para los no iniciados; sólo se hace evidente a través de una interpretación imaginativa y espiritualmente sensible.

Vale la pena señalar que la mayoría de los iniciados, o hindúes nativos, entienden a Kali alegóricamente, pero la mayoría de los forasteros, u occidentales, se concentran en sus cualidades superficiales, su aspecto y sus hábitos. No creo que ambas técnicas sean incompatibles. En muchas circunstancias, son mutuamente beneficiosas.

Sin embargo, está claro que muchos hindúes, incluidos los hindúes tántricos que ostensiblemente buscan subvertir el statu quo, se sienten incómodos con las interpretaciones de Kali que hacen demasiado hincapié en sus rasgos y hábitos escandalosos y chocantes como elementos centrales de su significado.

SOBRE EL AUTOR

Kiran Atma nació hindú y ha sido pagana y bruja practicante desde que llegó a la pubertad. Kiran sigue estudiando y analizando la historia y las prácticas contemporáneas relacionadas con su fe y su arte en todo el mundo, y compartiéndolas con la comunidad en general.

Don't miss out!

Visit the website below and you can sign up to receive emails whenever Kiran Atma publishes a new book. There's no charge and no obligation.

https://books2read.com/Kiran-Atma

BOOKS 2 READ

Connecting independent readers to independent writers.

-

9 798325 397660